COMPRENDRE
LA LITTÉRATURE

JEAN ANOUILH

Antigone

Étude de l'oeuvre

© Comprendre la littérature.

22 rue Gabrielle Josserand - 93500 Pantin.

ISBN 978-2-75930-080-8

Dépôt légal : Septembre 2023

Impression Books on Demand GmbH
In de Tarpen 42

22848 Norderstedt, Allemagne

SOMMAIRE

- Biographie de Jean Anouilh.. 9

- Présentation de *Antigone*.. 15

- Résumé de la pièce.. 21

- Les raisons du succès.. 27

- Les thèmes principaux... 33

- Étude du mouvement littéraire.. 39

- Dans la même collection.. 45

BIOGRAPHIE DE JEAN ANOUILH

Jean Anouilh est né à Bordeaux le 23 juin 1910 dans un milieu modeste provincial. D'un père tailleur et d'une mère professeur de piano, il jouit toutefois d'un accès régulier au théâtre du casino d'Arcachon, où il découvre quelques pièces, mais surtout des opérettes. Il rêve alors de connaître les joies de la vie en troupe. Alors qu'il n'a que 8 ans, ses parents déménagent et viennent s'installer à Paris. Dès l'adolescence, il s'adonne à l'écriture théâtrale. Il rédige à 12 ans ses premiers drames, puis, vers l'âge de 16 ans, réalise quelques pâles copies de l'œuvre d'Henri Bataille, alors un auteur très en vue à Paris.

Son baccalauréat de philosophie en poche, il poursuit des études de droit, mais décide rapidement de les abandonner. Devant gagner sa vie, il entre dans une maison de publicité où il côtoie un temps Jean Aurenche (qui l'incitera à reprendre l'écriture théâtrale) et Jacques Prévert. Il y reste deux ans avant de devenir le secrétaire particulier de l'acteur Louis Jouvet, ce qui lui permet de se rapprocher définitivement du monde du théâtre. L'expérience tourne court cependant, les deux hommes se détestant cordialement.

Entre-temps, Anouilh a découvert l'œuvre de ses plus glorieux contemporains. L'écoute de *Siegfried* de Jean Giraudoux à la Comédie des Champs-Élysées, en 1928, est pour lui une véritable révélation, de même que la lecture des *Mariés de la tour Eiffel* de Jean Cocteau. Il perçoit chez eux une poésie de théâtre qui l'incite à refuser comme eux les facilités de la transposition réaliste. L'orientation de son œuvre est ainsi trouvée : il cherchera toute sa vie à jouer avec les thèmes et les mots, ainsi qu'à capter une réalité au-delà des apparences.

En 1932, *L'Hermine* devient sa première pièce représentée. Le succès et les droits d'auteur gagnés sont suffisants pour qu'il décide de se consacrer intégralement à l'écriture théâtrale. La même année, il épouse l'actrice Monelle Valentin avec qui il aura une fille, Catherine. Les mois qui suivent sont toutefois plus difficiles. *La Mandarine* (1933) et *Y'avait un prisonnier* (1935) peinent à trouver leur public et ne restent que peu de temps à l'affiche.

1937 marque toutefois un nouveau tournant dans sa carrière. Il rencontre en effet cette année deux metteurs en scène, Georges Pitoëff et André Barsacq, qui lui permettront de vivre la vie de troupe à laquelle il aspirait tant et, accessoirement, de renouer avec le succès. *Le Voyageur sans bagage* (1937), *La Sauvage* (1938), deux pièces mises en scène par Pitoëff, et *Le Bal des voleurs* (1938), mise en scène par Barsacq, connaissent un franc succès et tracent la renommée d'un auteur dramatique qui ne quittera plus le devant de la scène. *La Sauvage* lui permet de construire son premier grand personnage, Thérèse, qui émeut au plus haut point les spectateurs par son sentiment de révolte (on recense même tous les soirs des évanouissements dans le public). Par ailleurs, Barsacq et Pitoëff l'invitent à travailler autrement et à se rapprocher du « terrain », c'est-à-dire de la scène et des acteurs. L'auteur dramatique sort ainsi de son cabinet de travail pour évaluer les potentialités de l'espace scénique et du jeu des acteurs pour de nouvelles synergies favorables à son écriture. Voilà un point essentiel qui n'aura de cesse de caractériser son œuvre. Suivent *Léocadia* (1940), qui réunit la distribution la plus brillante de l'époque (Yvonne Printemps, Pierre Fresnay, Victor Boucher, Marguerite Deval), et *Le Rendez-vous de Senlis* (1941).

Les années de guerre sont marquées par des sujets empruntés à la mythologie antique. En 1942, *Eurydice* est représentée, puis *Antigone*, pièce issue de la veine thébaine. Au-delà du triomphe public de cette dernière (plus de cinq cents représentations), c'est le succès critique qui est à souligner. En effet, les observateurs s'accordent à dire qu'*Antigone* s'inscrit dans la lignée des grandes pièces classiques et qu'elle fera date dans l'histoire des lettres.

La Libération ouvre pour Anouilh une période extrêmement faste. Chaque année est alors l'occasion de voir l'une de ses pièces : *Roméo et Jeannette* (1946), *L'Invitation au château* (1947), *Ardèle ou la Marguerite* (1948), *La Répétition ou l'Amour puni* (1950), *Colombe* (1951) et, enfin, *La Valse des toréadors* (1952). En 1953, Anouilh se sépare de Monelle Valentin et se marie peu de temps après avec Nicole Lançon, une autre comédienne avec laquelle il aura trois enfants. Chaque pièce est couronnée de succès, à l'exception peut-être de *Médée* (1953). *L'Alouette* (1953), jouée à six cent huit reprises, et *Becket ou l'honneur de Dieu* (1959), qui connaît six cent dix-huit représentations, constituent ses plus éclatants triomphes. En 1954, sa fille Catherine monte *Cécile ou l'École des pères*, la pièce qu'il avait écrite pour ses vingt ans.

En 1959, à la suite des réceptions plutôt avantageuses d'*Ornifle* (1955) et de *Pauvre Bitos* (1956), *Becket ou l'Honneur de Dieu* est l'occasion pour lui de passer à la mise en scène, aidé en cela par Roland Piétri. Il le fera dorénavant pour toutes ses pièces, ne se limitant d'ailleurs pas à la représentation de ses propres textes. Il monte ainsi *Tartuffe* de Molière (1960), *Victor ou les Enfants au pouvoir* de Vitrac (1962) ou encore *Richard III* de Shakespeare (1964). Cette période coïncide avec une plume moins prolifique. Il n'écrit que trois pièces entre 1960 et 1968 (*La Grotte, La Foire d'empoigne, L'Orchestre*), mais revient en 1969 avec deux productions qui scellent définitivement sa renommée : *Le Boulanger, la boulangère et le petit mitron*, et surtout *Cher Antoine*, qui forme l'ensemble des *Pièces baroques* avec *Les Poissons rouges* et *Ne réveillez pas Madame* (1970). Bien que voué à l'écriture théâtrale, il prend le temps d'écrire quelques scénarios pour le cinéma et publie, en 1962, un recueil de poèmes, *Fables*.

Par la suite, les relatifs insuccès de *Tu étais si gentil quand tu étais petit* (1972), de *L'Arrestation* (1975) et du *Scénario* (1976), bien que contrebalancés par le bon accueil du *Directeur de l'Opéra* (1972) et de *Chers zoiseaux* (1976), annoncent son retrait progressif. Sa dernière pièce, *La Culotte* (1978), est une satire du problème du féminisme en forme de bouffonnerie.

Parfois contesté, souvent adulé par le public, Jean Anouilh s'est ainsi progressivement affirmé comme le grand maître de la scène théâtrale française depuis la Libération. Auteur éclectique prônant l'habileté et l'efficacité, il s'est adonné aussi bien à un théâtre grave qu'à de purs divertissements, clamant ainsi sa filiation avec le théâtre de boulevard. Le souci donné au jeu, à la mise en scène et une virtuosité technique héritée de l'art de Giraudoux lui ont toutefois permis de ne pas entretenir les scories du genre, et d'offrir un théâtre sérieux et construit à un public souvent très large. Proche des classiques, il s'est par ailleurs fait le défenseur d'un théâtre novateur en présentant de manière élogieuse les travaux de Beckett, de Ionesco ou de Dubillard. Il aura ainsi su porter un regard avisé sur tout le théâtre français du milieu du XXe siècle. Il s'éteint à Lausanne le 3 octobre 1987, laissant à la postérité une œuvre riche et abondante.

PRÉSENTATION DE ANTIGONE

Écrite en 1942, mise en scène par André Barsacq l'année suivante, *Antigone* est représentée pour la première fois le 4 février 1944 au théâtre de l'Atelier, à Paris. Elle fait partie des pièces d'Anouilh, avec *Eurydice*, *Médée* et, dans une moindre mesure, *Tu étais si gentil quand tu étais petit*, qui s'appuient sur les mythes antiques. L'histoire d'Antigone est toutefois celle qui est la plus connue du public. En effet, la veine thébaine, c'est-à-dire l'histoire de Thèbes, la ville dont Œdipe est roi avant de s'exiler vers Colone, a largement été traitée par le théâtre de la première moitié du xxe siècle, construisant un véritable mouvement de reprise des mythes (voir « Étude du mouvement littéraire de l'auteur ») et de refonte de la tragédie ancienne et classique (voir « Les raisons du succès »).

Parler de l'histoire mise en scène par Anouilh nécessite donc de faire un détour par le mythe antique. Comme la famille des Atrides (Agamemnon, Électre, Iphigénie, Oreste), la lignée des Labdacides subit la fureur des dieux qui touche tous les descendants de Laïos, le roi de Thèbes. Tour à tour, Laïos, Œdipe, Jocaste, Polynice, Étéocle, Antigone, Ismène ou Créon vont être les jouets des dieux, donnant aux auteurs tragiques la possibilité d'écrire l'aventure d'une famille de souverains. Avant Antigone, c'est Œdipe qui a été le plus durement touché par la malédiction d'Héra. Conformément aux vœux de la déesse, il tue son père (Laïos) et est coupable d'inceste avec sa mère, Jocaste. Tous deux ont quatre enfants, deux garçons (Polynice et Étéocle) et deux filles (Antigone et Ismène). Se rendant compte de son erreur, Œdipe se crève les yeux et part en exil, accompagné d'Antigone. À la mort du roi, la jeune fille revient dans une Thèbes en plein chaos : alors que le pouvoir devait alterner entre Étéocle et Polynice, le premier n'est plus enclin à rendre le trône et voit son frère, aidé des princes de Thèbes, se soulever contre lui. Les deux meurent au combat, mais

Créon, leur oncle qui a récupéré le pouvoir, refuse d'offrir au contestataire les honneurs funèbres. Antigone s'érige alors contre le roi, arguant l'amour filial et la loi des dieux. Là est l'histoire de la tragédie de Sophocle, sur laquelle s'appuie bien largement Anouilh pour son propre texte. Les deux personnages s'opposent, chacun représentant deux lois qui ne peuvent cohabiter. D'un côté, la jeune femme illustre les lois de la famille, mais surtout celles des dieux, avançant que les hommes ne peuvent se substituer à eux pour décider du sort d'un être aux Enfers. De l'autre, Créon avance la loi de la cité, la justice et l'équilibre d'une vie en société. Aussi bien dans la justice des dieux et que dans celle des hommes, tous les personnages sont condamnés. Antigone est en effet enterrée vivante et se pend dans son caveau. Hémon, son fiancé et le fils de Créon, s'immole au-dessus de son corps, rejoint ensuite par sa mère, Eurydice. Enfin, Créon, le roi inflexible, finit son existence dans la solitude, regrettant à jamais d'avoir voulu intégrer au monde des vivants celui des morts, d'avoir fait primer des décisions politiques sur l'ordre de la nature. Le sujet de la pièce de Sophocle est toutefois très ancré dans son époque (l'histoire de la Grèce, la tragédie dans les fêtes antiques, la défense de la démocratie), ce que modifiera bien largement Anouilh.

En effet, comme d'autres à son époque, Anouilh profite de la reprise des mythes antiques pour parler de son époque. Si, comme l'auteur le pense, le théâtre doit être une interprétation du réel et une réflexion sur la condition humaine, il est dorénavant clair que les problèmes, les modes de pensée ou les modes d'expression du XXe siècle ne sont plus ceux de Sophocle ou même ceux des auteurs classiques. Il ne faut pas oublier en effet qu'Anouilh rédige sa pièce en 1942, alors que la France subit de plein fouet l'Occupation allemande et qu'elle est jouée en 1944, alors que les Alliés et l'armée de de

Gaulle ont entamé une contre-attaque (en Afrique et en Italie). Parallèlement, l'art théâtral s'est largement transformé. Au début du xxe siècle, le théâtre de boulevard et le vaudeville font sensation dans les salles. En même temps, certains dramaturges sont attirés par l'avant-garde. Enfin, les auteurs utilisent de nouveaux ressorts dramatiques, aidés en cela par de nouveaux moyens techniques et par un goût accru pour les costumes et les décors. La pièce d'Anouilh permet de mettre conjointement en forme ces ambitions. Plus qu'un titre, il emprunte toutefois une architecture dramatique sur laquelle il va s'appuyer, tout en effectuant des modifications notables. La plus importante reste, évidemment, l'opposition entre Antigone et Créon.

Enfin, dans la répartition de ses pièces qu'il fera plus tard (avec les pièces « roses », « brillantes », « grinçantes », « costumées », « baroques », « secrètes », « farceuses », etc.), Anouilh place *Antigone* avec les pièces « noires ». Si ce classement peut paraître artificiel, il confirme toutefois ce que nous étudierons plus loin : inspirée par des modèles antiques et classiques, *Antigone* n'est pas vraiment une tragédie (elle n'est d'ailleurs pas découpée en actes), pas plus qu'un drame ou qu'une comédie. Elle participe même à les interroger.

RÉSUMÉ DE LA PIÈCE

La scène s'ouvre par un long monologue du Prologue qui présente chaque personnage. Il décrit la maigre et rêveuse Antigone, la joyeuse Ismène ou le solitaire Créon. Il explique aussi comment Hémon a choisi Antigone pour femme, contre toute attente. Le Messager, Eurydice et les gardes sont eux aussi présentés. Ces derniers sont d'ailleurs dépeints comme les représentants du peuple, contents d'une situation simple qui leur apporte un bonheur simple. En somme, leur bêtise tranquille est à l'image d'un monde contemporain qui ne sera jamais en mesure de s'interroger comme pourront le faire Antigone ou Créon. Le rôle du Prologue est essentiel en ce sens qu'il fixe l'intrigue et s'appuie sur une ironie tragique. Ainsi, le Prologue explique comment Antigone et Hémon sont condamnés et comment le Messager viendra apprendre la mort de leur fils à Créon et Eurydice : les jeux sont déjà faits.

Les personnages se sont retirés progressivement, avant que ne reviennent Antigone et la nourrice. C'est le matin et cette dernière s'inquiétait de voir la jeune fille partie si tôt. Antigone lui explique qu'elle est allée voir la nature la nuit. La nourrice croit qu'Antigone s'est rendue dans la chambre d'un amant. Grave, elle ne conteste pas. Alors la vieille, qui s'est vue confier l'éducation d'Antigone par Jocaste, lui fait la leçon, mais il s'avère qu'Antigone mentait et que son seul amour est Hémon. C'est au tour d'Ismène de discuter avec sa petite sœur. Là aussi beaucoup d'émotion se fait sentir et on devine que quelque chose d'inéluctable va arriver. Elles évoquent quelques souvenirs et on comprend qu'Ismène est dans la confidence. Elle tente d'ailleurs de la dissuader d'enterrer leur frère, mais Antigone lui explique que tout est déjà écrit. La nourrice revient sur scène avec le petit-déjeuner, mais se confronte au refus d'Antigone qui ne cherche que l'affection de sa mère de substitution. Elles évoquent ensuite

Douce, la chienne de la princesse. Antigone demande à sa nourrice de la laisser salir le palais et lui fait promettre que si elle venait à disparaître tout le monde lui parlerait comme elle le fait chaque jour.

C'est au tour d'Hémon de parler avec Antigone et d'évoquer leur dispute de la vieille. Beaucoup de tendresse et de nostalgie s'expriment (Antigone parle de l'enfant qu'elle ne donnera pas à son fiancé), sans que le jeune homme n'en comprenne la raison. Elle lui explique aussi comment elle s'est fait belle pour lui afin de ressembler un peu plus à une femme et qu'il lui fasse l'amour avant leur mariage. Elle lui annonce alors qu'elle ne pourra s'unir à lui, mais lui fait promettre de ne pas lui demander pourquoi. Hémon chassé, c'est Ismène qui revient et, alors qu'elle cherche encore à la dissuader en arguant que son frère ne l'aimait pas, Antigone lui dit qu'elle l'a déjà mis en terre la nuit dernière.

Avec l'entrée de Créon et de son page sur scène se terminent les adieux d'Antigone à ses proches. Un garde vient à la rencontre du roi et, à la suite de quelques tergiversations (qui participent d'un comique volontaire), lui explique que le corps de Polynice a été recouvert de terre, selon les rites de funérailles. Créon paraît furieux d'apprendre qu'on a bafoué son interdit. Il dit au garde de ne pas ébruiter la nouvelle. Le Chœur, par la suite, explique la machine infernale et, par là, questionne le sens de la tragédie et du drame qui se joue sous les yeux du spectateur. La tragédie repose sur un fonctionnement inéluctable, elle est d'une violence gratuite. Les gardes reviennent avec Antigone prise en train de continuer son entreprise. Les trois hommes, qui ne l'ont pas reconnue, la rudoient et discutent des honneurs qu'ils vont recevoir grâce à leur acte.

Avec le retour de Créon s'ouvre la confrontation centrale du texte, qui en occupe presque un tiers. Pour éviter d'en arriver à une condamnation, Créon pense d'abord supprimer les trois gardes qui ont vu Antigone enterrer son frère, mais la princesse assume parfaitement son geste. Il cherche alors à la raisonner en lui faisant une leçon de politique, puis, devant les nouveaux refus de la jeune femme, passe à un niveau religieux. Alors qu'elle admet parfaitement que ces deux frères étaient des misérables, Créon a le malheur d'évoquer l'avenir radieux qui s'offre à eux. Antigone ne le supporte pas et se prête à un scandale public au moment où Ismène entre en scène. Le roi ne peut alors plus reculer.

Il choisit de condamner Antigone et s'en explique auprès du Chœur qui y voit une plaie ouverte pour des siècles. Pour le roi, les événements étaient scellés par avance et il considère même que les funérailles de Polynice n'étaient qu'un prétexte pour Antigone. Créon doit ensuite s'expliquer auprès de son fils. Hémon ne comprend pas, mais son père lui dit que la foule sait tout dorénavant et qu'elle demande la mort d'Antigone. Le Chœur tente de parler de folie, Hémon parle de son amour pour la jeune fille. Il a cru aux histoires de héros racontées par son père et n'accepte pas de devoir se comporter simplement en homme. Ensuite, Antigone, restée seule avec le garde qui l'a attrapée, fait ses adieux à la vie et tente d'écrire une lettre à Hémon. On sent dans son attitude et dans ces mots de la nostalgie et de la peur.

Le Messager annonce la mort d'Antigone, rejoint dans son tombeau par Hémon qui, après avoir craché au visage de son père, s'est transpercé avec son épée. C'est ensuite au Chœur de venir annoncer au roi la mort d'Eurydice qui, apprenant le décès de son fils, s'est tranché la gorge. Le roi Créon reste seul, se devant, comme il l'explique à son page, d'accomplir sa « sale besogne ». La pièce se referme sur les trois gardes, pris dans l'insouciance d'une partie de cartes.

LES RAISONS
DU SUCCÈS

L'ironie tragique qui s'exprime dans la réplique du Prologue qui ouvre la pièce, mais aussi les remarques d'Antigone sur son sort scellé ou les paroles du Chœur sur la différence entre drame et tragédie (avant la confrontation entre Créon et Antigone) témoignent que l'auteur s'est interrogé dans sa pièce sur les fonctions du tragique, sur le rôle des orientations culturelles et sur ce qu'il désire faire du mythe. C'est ainsi tout un genre qu'il questionne.

La tragédie en question (I) : des hommes et des dieux

Malgré les apparences, l'Antigone d'Anouilh sort allègrement des codes antiques et classiques de la tragédie. Pour les dramaturges grecs, la tragédie relevait d'un destin funeste qui devait s'accomplir sous les yeux du spectateur, le Chœur représentant la voix de la cité et créant ainsi une distance (de même que les masques) entre ce qui était joué sur scène et le monde réel. L'image des dieux n'est plus, depuis l'impact du christianisme dans la culture occidentale, aussi noire. Le dieu unique, miséricordieux, n'enferme pas le héros dans la fatalité. C'est justement l'atmosphère de la tragédie classique, telle qu'a pu la construire Racine par exemple. La pièce est alors l'occasion de voir un héros se forger, respectant des codes de noblesse et de chevalerie. Pour Anouilh, désenchanté par le sort du monde, les dieux ont quitté la Terre. Il est en effet bon de remarquer que celui qui, dans la pièce de Sophocle, est le lien privilégié avec les dieux (le devin Tirésias) n'est plus présent. Ainsi, plutôt que de parler de la direction du monde voulue par les dieux, Anouilh nous parle de leur absence et du chaos qu'ils laissent sur Terre. La lutte d'Antigone quitte progressivement le cadre antique et abandonne l'opposition entre loi des hommes et loi des dieux. Le propos n'est pas de voir un destin tragique se confirmer et construire ainsi un héros qui aurait subi la colère des dieux. Non, tout se situe à un niveau individuel et existentiel. Antigone fait le choix de la contestation, en sachant pertinemment qu'il le mènera à sa perte. Toute idée de transcendance, de sacré ou de fatalité tragique est mise de côté, au profit d'un libre arbitre.

La tragédie en question (II) : les codes et l'effet tragique

Dans son architecture et dans son fonctionnement, la pièce respecte toutefois certains codes, notamment les trois unités (lieu, temps, action) à laquelle nous pourrions ajouter la bienséance (il n'y a pas de violence sur scène). En s'appuyant de la sorte sur des codes qui ont fait la postérité du théâtre classique, Anouilh ne souhaite pas tant que cela faire de sa pièce un exercice de style qui appartiendrait résolument à une autre époque. Au contraire, il crée un effet de distanciation qui, aidé par plusieurs siècles de tradition, insiste sur le rôle réflexif du théâtre : ce que le spectateur voit sur scène n'est en rien la réalité, mais il participe à l'interroger.

Deuxième élément qu'Anouilh convoque : la sensation du tragique. Éduqué et préparé à la tragédie antique et classique, le spectateur lit ces signes comme des appels à la tragédie, comme une atmosphère et une orientation qui se confirment. Anouilh pourra ainsi jouer de l'ironie tragique (seul le spectateur comprend pleinement les mots des personnages, tandis que les autres n'en perçoivent le sens qu'en partie). C'est cet effet de tragique qui est recherché dans l'utilisation du Prologue au tout début de la pièce. Il annonce la mort programmée d'Antigone, tout en s'écartant des rôles du Chœur ou du Choryphée. Il est une sorte de narrateur ou de voix off qui fait étalage de son omniscience et joue avec les connaissances du public.

La tragédie en question (III) : anachronismes et « embourgeoisement » de la tragédie

Initié au théâtre de boulevard et à l'efficacité moderne de la mise en scène, Anouilh adapte réellement Antigone à son temps. Ainsi, ses personnages n'ont pas le sublime et le lustre des héros tragiques passés. Ils utilisent un langage vernaculaire et ont des problèmes tout à fait communs. Créon est décrit comme un vieux bourgeois, tandis qu'Antigone est une adolescente contestatrice qui tend aux privilèges appelés par son temps. Les soucis des gardes, voire leur trivialité exprimée à la fin de la pièce, semblent même l'emporter sur les esthétiques antiques et classiques. Par ailleurs, Anouilh injecte des anachronismes dans sa pièce (on y évoque notamment Eurydice tricotant et faisant des confitures) et, grâce à des costumes qui appartiennent au XXe siècle, donne des points d'ancrage contemporains à son spectateur. Il est peu de dire qu'il adapte Antigone, au sens propre du terme. Ainsi, à la manière de Giraudoux dans *Électre*, Anouilh questionne un certain nombre de valeurs qui appartiennent définitivement à un autre temps. Dans la même veine, les personnages ne sont pas là uniquement pour représenter des idées et en être les abstractions. Influencée par les orientations littéraires de l'époque, la pièce offre une véritable psychologie aux personnages, et notamment à Antigone, présentée comme une adolescente somme toute commune. Le but est de donner le peu de vraisemblance que le spectateur de l'époque attend. Peindre les passions nécessite en effet, depuis l'essor des sciences psychologiques, de donner de l'épaisseur et un peu de complexité au personnage.

Le but toutefois est toujours de répondre à de grandes questions sur l'homme, d'interroger ses valeurs, le bien, le mal et le sort du monde. C'est pour cela qu'Anouilh maintient la structure du texte, fondée sur l'opposition des personnages, oppositions multiples qui occupent la moitié de la pièce.

LES THÈMES
PRINCIPAUX

L'idéalisme d'Antigone face au pragmatisme de Créon

Un peu à l'image de l'*Électre* de Giraudoux, Anouilh a fait de son Antigone une révolutionnaire en puissance, sans pour autant soutenir pleinement son personnage. En effet, dans l'opposition centrale qui la confronte au roi, elle apparaît comme le vecteur du désordre et du chaos, contre la volonté de paix sociale et de sécurité prônée par Créon. Contrairement à l'image du roi construite par Sophocle, celui d'Anouilh n'a pas une autorité abusive. Il reconnaît, un peu comme Égisthe dans *Électre*, qu'il est arrivé au pouvoir sans vraiment le chercher et que ce sont les circonstances qui l'y ont amené. S'il incarne, à la suite de Machiavel, la puissance et la ruse, c'est pour mieux faire de lui un roi « moderne » qui ce contente d'un ordre social où chaque individu serait libre de faire ce qu'il veut dans sa vie privée. Comme il le dit lui-même, sa politique n'est pas réellement idéologique et encore moins autoritaire : c'est une « cuisine ». C'est dans cette volonté d'ordre qu'il fait une différenciation entre Étéocle et Polynice et qu'il choisit d'offrir l'hommage national à l'un et de ne pas donner de sépulture à l'autre. Il dessine pour le peuple ce qui est « bon » ou « mauvais », érige un héros national contre un ennemi public. Pour caricaturale qu'elle soit, sa démarche n'en reste pas moins éminemment pragmatique : il réagit en fonction des faits tangibles, avec les « ingrédients » qui lui sont fournis. Dans ce contexte, c'est plutôt le peuple qui semble être dépeint de manière peu favorable. En effet, dans une cité en crise telle que Thèbes peu l'être dans la pièce, la liberté offerte à chacun tourne à l'individualisme primal. Ainsi, le peuple, représenté principalement par les gardes, apparaît comme inculte, violent et sans conscience. Nous sommes donc confrontés à une société d'antihéros, où l'égoïsme semble l'emporter sur des valeurs qui n'ont plus cours au XXe siècle. Celui qui les mène (Créon) n'est pas plus un « surhomme » que les autres. Doté d'une conscience et d'une certaine acuité politique, il fait figure de chef, dont le but est de mener ce navire à la dérive à bond port, et ce par tous les moyens nécessaires.

Au cœur de la pièce, Antigone s'oppose fermement à lui. D'abord par amour pour son frère, puis par croyances religieuses, mais surtout par divergence politique. En effet, la jeune fille est la figure même de l'idéal politique, ce qui l'amène à être, comme l'Électre de Giraudoux, un vecteur de chaos social. Toute sa contestation s'ancre dans la transgression de l'interdit royal. Elle ouvre ainsi une brèche au désordre social et à la contestation politique au sein de la cité. Confronté à une telle situation, Créon tente de la raisonner, non de l'enfermer ou de la tuer. C'est qu'il représente, encore une fois, le chef royal, non le tyran propre à la pièce antique. Au contraire, c'est Antigone qui est mue par une volonté toute personnelle et par la passion des vertus. Elle tente ainsi d'élever le discours vers des questions plus hautes, sur l'homme, sur l'amour et sur la mort. En somme, la répartition est bien définie dans la pièce : d'un côté, Créon est l'image même du pouvoir, de l'action politique et du pragmatisme social. De l'autre, la jeunesse et la fougue d'Antigone représentent un idéal de vie fondé sur les rêves d'harmonie et de pureté humaniste, mais teinté évidemment de naïveté. Elle expose une volonté métaphysique d'absolu, tandis que Créon cherche l'ordre.

L'opposition toutefois n'est pas en défaveur de Créon, loin de là. Face à la pureté d'Antigone, il ne défend pas l'impureté ou la violence. Il est même en mesure de comprendre le discours de la jeune fille, mais le trouve simplement inapplicable. Comme il le dit, il est un roi qui « a les pieds sur terre » et qui tend à combattre l'absurdité du monde. Cette posture nécessite un long chemin de croix, où chaque acte risque d'entacher d'impureté celui qui le formule. Antigone choisit quant à elle de s'extraire d'une telle démarche pour revendiquer une parole plus large sur l'Homme.

Antigone et les autres

Si le duo « central » est composé d'Antigone et de Créon, d'autres jeux d'opposition existent dans la pièce qui permettent de dessiner dans le détail la figure d'Antigone. C'est d'abord avec sa sœur, Ismène, que l'écart est le plus notable. Au fil de la pièce, cette dernière représente de plus en plus l'insouciance et la joie de vivre, tandis qu'Antigone se dirige irrémédiablement vers sa mort. Pourtant, ce tableau synoptique n'est pas aussi marqué et Antigone paraît, au début de la pièce, avide d'émotions et de présence au monde. Ce qui apparaît, c'est qu'elle tend à un équilibre individuel, au-delà des bienséances et des carcans de l'éducation, alors qu'Ismène est une jeune fille pleine de vie loin d'être une contestatrice. Bien que pâle à côté d'Antigone, Ismène n'en reste pas moins une jeune femme raisonnée qui, au contraire, de sa sœur, n'est pas coupable de violence et d'excès (Antigone se montre parfois jalouse à l'encontre de la beauté de sa sœur, on raconte comment elle lui a coupé ses beaux cheveux…). Elle est une « joyeuse » et non une « rêveuse ».

Dans une veine similaire, Antigone est confrontée à sa nourrice, personnage créé par Anouilh. Cette femme assez simple, qui ne semble jamais comprendre les enjeux de la pièce, donne toutefois une nouvelle dimension à l'Antigone de la tradition antique. Auprès d'elle, la jeune femme se fait fille (elle l'appelle « nounou ») et lui réclame l'amour maternel dont elle a encore besoin. Anouilh rapproche ainsi le propos de sa pièce de l'enfance et l'on peut percevoir sa mort justement comme le refus de l'âge adulte.

    Enfin, le couple qu'elle forme avec Hémon est lui aussi signifiant. De prime abord, l'amour qu'ils se portent mutuellement, menant à la mort du jeune homme, offre un ton pathétique à la pièce en lui donnant la possibilité d'exprimer le désespoir amoureux. Au-delà toutefois de la fin malheureuse des deux jeunes amants, leur relation est l'occasion de comprendre l'impact qu'a l'excès d'Antigone. En effet, elle est prête à perdre et à « tuer » Hémon pour mener à bien sa lutte. Rebelle, elle se fait alors résistante, presque révolutionnaire. Par ailleurs, Hémon la rejoint dans son combat et choisit lui aussi de mourir, montrant ainsi la capacité qu'elle a à rallier des âmes auprès d'elle dans son refus de compromissions. L'attitude d'Antigone apparaît alors sous son jour « dangereux », aussi défendable soit-il : il mène des personnes (dont elle) à la mort.

ÉTUDE DU MOUVEMENT LITTÉRAIRE

Le théâtre, les mythes, l'Histoire

L'utilisation fréquente des mythes antiques dans le théâtre de la première moitié du XXe siècle est l'occasion pour les dramaturges de construire un discours sur l'Histoire. Ce ne veut pas dire pour autant qu'*Antigone* d'Anouilh est une pièce « à thèse », mais elle est vouée à faire réfléchir sur la situation contemporaine. À titre d'exemple, en trame de fond d'*Électre* (1937) de Jean Giraudoux, écrivain qui a influencé Anouilh, se retrouve le cadre politique de l'époque, de même que *La Guerre de Troie n'aura pas lieu* (1935), par la reprise du grand récit épique, parle des orientations prises par l'Europe en direction de la guerre, d'une tragédie qui allait s'avérer inéluctable. La ville d'Argos y est un réceptacle extrêmement sensible à la guerre civile et à l'intervention des pays extérieurs (l'Italie et l'Allemagne en l'occurrence) en Espagne. En France aussi, la situation est délicate et l'actualité bouillonnante. D'ailleurs, c'est toute l'Europe qui est prête à s'embraser. Ainsi, à la manière de Giraudoux, mais aussi de Sartre, Anouilh double son œuvre d'une lecture politique. Il ne faut pas oublier, en effet, qu'en 1942, la France est occupée par l'Allemagne et qu'à la tête de la « Zone libre » est placé le maréchal Pétain qui applique déjà à cette période une politique de collaboration. Derrière la figure de Créon se retrouve peut-être le chef militaire français, propulsé lui aussi au pouvoir par les circonstances. Il ne faut toutefois pas voir dans la pièce d'Anouilh une défense ou une attaque de la politique française de son temps. Le dramaturge cherche à réfléchir sur les choix de Créon, sur sa politique dans une cité en déperdition, mais aussi sur la résistance et la rébellion d'Antigone. Il oppose, d'un côté, la raison, parfois dure et qui nécessite des sacrifices, à la passion et l'idéal, de l'autre, qui obligent à s'extraire de la vie de la cité et à entrer dans une certaine clandestinité (en tout cas, Antigone, par son refus, va à l'encontre des lois de Thèbes).

Le fait de dessiner Créon autrement qu'en tyran a longtemps fait penser que la pièce d'Anouilh était volontairement vichyste et qu'elle défendait la politique du maréchal. Le tableau n'est pas aussi manichéen et Créon apparaît limité par ses propres orientations politiques. Encore une fois, si Anouilh peut être en mesure de comprendre les conséquences d'une défaite et la tentative de combattre l'absurde, il ne donne pas une image idyllique du régime de Créon. Thèbes est une ville en souffrance. À l'inverse, certains ont vu Antigone comme la représentante idéale de la Résistance. Là encore, restreindre ce personnage à une seule interprétation politique serait réducteur. Anouilh donne à voir et à réfléchir, mais n'impose pas son avis au public. Bien sûr, elle se situe du côté de l'idéal politique, mais en refusant les réalités. Il est donc difficile de trancher sur la question, tout en considérant que ces thèmes devaient être parfaitement perçus par les spectateurs de l'époque.

Le théâtre, les mythes, l'Homme

Anouilh ne restreint pas son propos à l'Histoire factuelle de son temps. Comme d'autres à la même époque (Malraux, Saint-Exupéry, Sartre), il tend à poser des questions universelles sur l'Homme via le théâtre et cherche à s'interroger sur le sens de la vie. L'opposition entre Créon et Antigone est autant une lutte politique qu'un débat sur deux visions du monde qui ne parviennent pas à s'entendre. Oui, un débat, voire un procès, chaque camp étant contré par les arguments de l'autre. Ainsi, au-delà de l'Histoire, ce sont de grands thèmes philosophiques qui sont mis en scène : l'amour, la mort, la liberté, les valeurs…

Il ne faut pas oublier aussi que ces questions ne sont pas posées au niveau de l'Histoire, mais à celui de l'individu. On retrouve là l'impact des sciences psychologiques dans leur ensemble, qu'Anouilh prend le temps de questionner. En effet, s'il est doté de libre arbitre (Antigone choisit de dire « non » et de mourir), le personnage est confronté au néant laissé par l'absence de(s) dieu(x), mais aussi à la violence causée par sa confrontation à un monde social qu'il conteste et dont il refuse les barrières. Ce sont un certain nombre de repères qu'il rejette et qui l'obligent à se mesurer à l'abyme de sa propre condition.

Sans s'inscrire radicalement dans un mouvement, Anouilh, comme d'autres écrivains, s'interroge à cette époque sur la destinée de l'humanité. Il partage au milieu du siècle les quêtes et les questions de la morale, de la philosophie et de la pensée politique, tout en tentant de répondre à la violence qui se déploie dans la réalité. Dans cette lignée, Anouilh a essayé de faire d'*Antigone* une œuvre qui permet de réfléchir sur la condition humaine.

DANS LA MÊME COLLECTION
(par ordre alphabétique)

- **Anonyme**, *La Farce de Maître Pathelin*
- **Aragon**, *Aurélien*
- **Aragon**, *Le Paysan de Paris*
- **Austen**, *Raison et Sentiments*
- **Balzac**, *Illusions perdues*
- **Balzac**, *La Cousine Bette*
- **Balzac**, *La Femme de trente ans*
- **Balzac**, *Le Colonel Chabert*
- **Balzac**, *Le Lys dans la vallée*
- **Barbey d'Aurevilly**, *L'Ensorcelée*
- **Barbey d'Aurevilly**, *Les Diaboliques*
- **Bataille**, *Ma mère*
- **Baudelaire**, *Les Fleurs du Mal*
- **Baudelaire**, *Petits poèmes en prose*
- **Beaumarchais**, *Le Barbier de Séville*
- **Beaumarchais**, *Le Mariage de Figaro*
- **Beauvoir**, *Mémoires d'une jeune fille rangée*
- **Beckett**, *En attendant Godot*
- **Beckett**, *Fin de partie*
- **Brecht**, *La Noce*
- **Brecht**, *La Résistible ascension d'Arturo Ui*
- **Brecht**, *Mère Courage et ses enfants*
- **Breton**, *Nadja*
- **Brontë**, *Jane Eyre*
- **Camus,** *L'Étranger*
- **Carroll**, *Alice au pays des merveilles*
- **Céline**, *Mort à crédit*
- **Céline**, *Voyage au bout de la nuit*

- **Chateaubriand**, *Atala*
- **Chateaubriand**, *René*
- **Chrétien de Troyes**, *Perceval*
- **Cocteau**, *La Machine infernale*
- **Cocteau**, *Les Enfants terribles*
- **Colette**, *Le Blé en herbe*
- **Corneille**, *Le Cid*
- **Crébillon fils**, *Les Égarements du cœur et de l'esprit*
- **Defoe**, *Robinson Crusoé*
- **Dickens**, *Oliver Twist*
- **Du Bellay**, *Les Regrets*
- **Dumas**, *Henri III et sa cour*
- **Duras**, *L'Amant*
- **Duras**, *La Pluie d'été*
- **Duras**, *Un barrage contre le Pacifique*
- **Flaubert**, *Bouvard et Pécuchet*
- **Flaubert**, *L'Éducation sentimentale*
- **Flaubert**, *Madame Bovary*
- **Flaubert**, *Salammbô*
- **Gary**, *La Vie devant soi*
- **Gautier**, *Emaux et Camées*
- **Giraudoux**, *Électre*
- **Giraudoux**, *La Guerre de Troie n'aura pas lieu*
- **Gogol**, *Le Mariage*
- **Homère**, *L'Odyssée*
- **Hugo**, *Hernani*
- **Hugo**, *Les Châtiments*
- **Hugo**, *Les Contemplations*
- **Hugo**, *Les Misérables*
- **Hugo**, *Notre-Dame de Paris*
- **Huxley**, *Le Meilleur des mondes*
- **Jaccottet**, *À la lumière d'hiver*
- **James**, *Une vie à Londres*

- **Jarry**, *Ubu roi*
- **Kafka**, *La Métamorphose*
- **Kerouac**, *Sur la route*
- **Kessel**, *Le Lion*
- **La Fayette**, *La Princesse de Clèves*
- **Le Clézio**, *Mondo et autres histoires*
- **Levi**, *Si c'est un homme*
- **London**, *Croc-Blanc*
- **Maupassant**, *Boule de suif*
- **Maupassant**, *Le Horla*
- **Maupassant**, *Une vie*
- **Molière**, *Amphitryon*
- **Molière**, *Dom Juan*
- **Molière**, *L'Avare*
- **Molière**, *Le Malade imaginaire*
- **Molière**, *Le Tartuffe*
- **Molière**, *Les Fourberies de Scapin*
- **Musset**, *Les Caprices de Marianne*
- **Musset**, *Lorenzaccio*
- **Musset**, *On ne badine pas avec l'amour*
- **Perec**, *La Disparition*
- **Perec**, *Les Choses*
- **Perrault**, *Contes*
- **Prévert**, *Paroles*
- **Prévost**, *Manon Lescaut*
- **Proust**, *À l'ombre des jeunes filles en fleurs*
- **Proust**, *Albertine disparue*
- **Proust**, *Du côté de chez Swann*
- **Proust**, *Le Côté de Guermantes*
- **Proust**, *Le Temps retrouvé*
- **Proust**, *Sodome et Gomorrhe*
- **Proust**, *Un amour de Swann*
- **Queneau**, *Exercices de style*

- **Quignard**, *Tous les matins du monde*
- **Rabelais**, *Gargantua*
- **Rabelais**, *Pantagruel*
- **Racine**, *Andromaque*
- **Racine**, *Bérénice*
- **Racine**, *Britannicus*
- **Racine**, *Phèdre*
- **Renard**, *Poil de carotte*
- **Rimbaud**, *Une saison en enfer*
- **Sagan**, *Bonjour tristesse*
- **Saint-Exupéry**, *Le Petit Prince*
- **Sarraute**, *Enfance*
- **Sarraute**, *Tropismes*
- **Sartre**, *Huis clos*
- **Sartre**, *La Nausée*
- **Senghor**, *La Belle histoire de Leuk-le-lièvre*
- **Shakespeare**, *Roméo et Juliette*
- **Steinbeck**, *Les Raisins de la colère*
- **Stendhal**, *La Chartreuse de Parme*
- **Stendhal**, *Le Rouge et le Noir*
- **Verlaine**, *Romances sans paroles*
- **Verne**, *Une ville flottante*
- **Verne**, *Voyage au centre de la Terre*
- **Vian**, *J'irai cracher sur vos tombes*
- **Vian**, *L'Arrache-cœur*
- **Vian**, *L'Écume des jours*
- **Voltaire**, *Candide*
- **Voltaire**, *Micromégas*
- **Zola**, *Au Bonheur des Dames*
- **Zola**, *Germinal*
- **Zola**, *L'Argent*
- **Zola**, *L'Assommoir*
- **Zola**, *La Bête humaine*

- **Zola**, *Nana*
- **Zola**, *Pot-Bouille*